Impressum
Verlag: BABADADA GmbH, Nedderfeld 112 , 22529 Hamburg
Geschäftsführer / Verlagsleitung: Harald Hof
Druck: Books on Demand GmbH, In de Tarpen 42, 22848 Norderstedt

Imprint
Publisher: BABADADA GmbH, Nedderfeld 112 , 22529 Hamburg, Germany
Managing Director / Publishing direction: Harald Hof
Print: Books on Demand GmbH, In de Tarpen 42, 22848 Norderstedt

ښوونځی
school

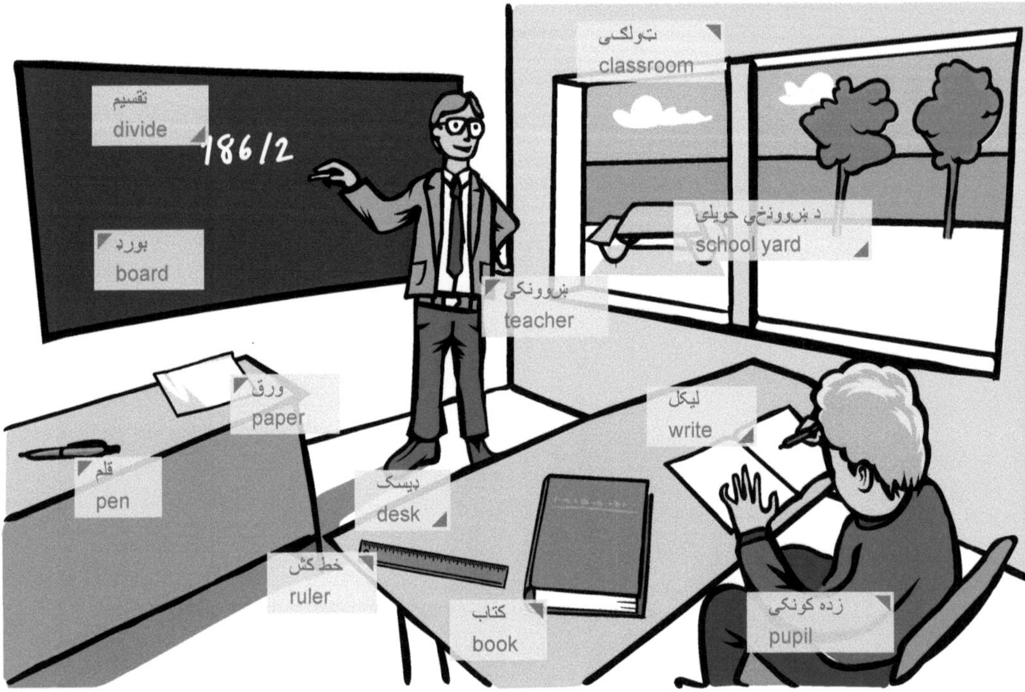

تولګی
classroom
تقسیم
divide
186/2
بورډ
board
د ښوونځي حویلی
school yard
ښوونکی
teacher
ورق
paper
لیکل
write
قلم
pen
ډیسک
desk
خط کش
ruler
کتاب
book
زده کونکی
pupil

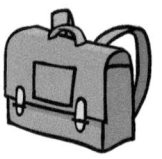

کڅوړه

satchel

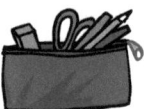

د پنسل بکسه

pencil case

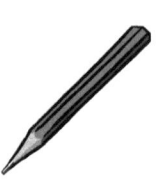

پنسل

pencil

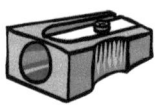

پنسل تراش

pencil sharpener

ربړ

rubber

د رسامی پاڼه

drawing pad

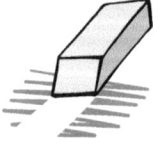

رسامي

drawing

د نقاشۍ برس

paintbrush

د نقاشۍ بکس

paint box

قیچي

scissors

سریش

glue

د تمرین کتاب

exercise book

کورنۍ دنده

homework

12

شمیر

number

2+2

جمع

add

5-2

منفي

subtract

2×2

ضرب

multiply

حساب

calculate

A

توری

letter

ABCDEFG
HIJKLMN
OPQRSTU
VWXYZ

الفبا

alphabet

hello

کلمه

word

متن

text

لوستل

read

تباشیر

chalk

درس

lesson

راجستر

register

ازموینه

examination

تصدیق پاڼه

certificate

د ښوونځي یونیفارم

school uniform

تعلیم

education

دایره المعارف

encyclopedia

پوهنتون

university

مایکروسکوپ

microscope

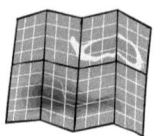

نقشه

map

اشغالدانی

waste-paper basket

سفر

travel

Grand
هوټل
hotel
لیلیه
hostel
ROOMS
EXCHANGE
د اسعارو د تبادلې دفتر
currency exchange office
بکس
suitcase
موټر
car

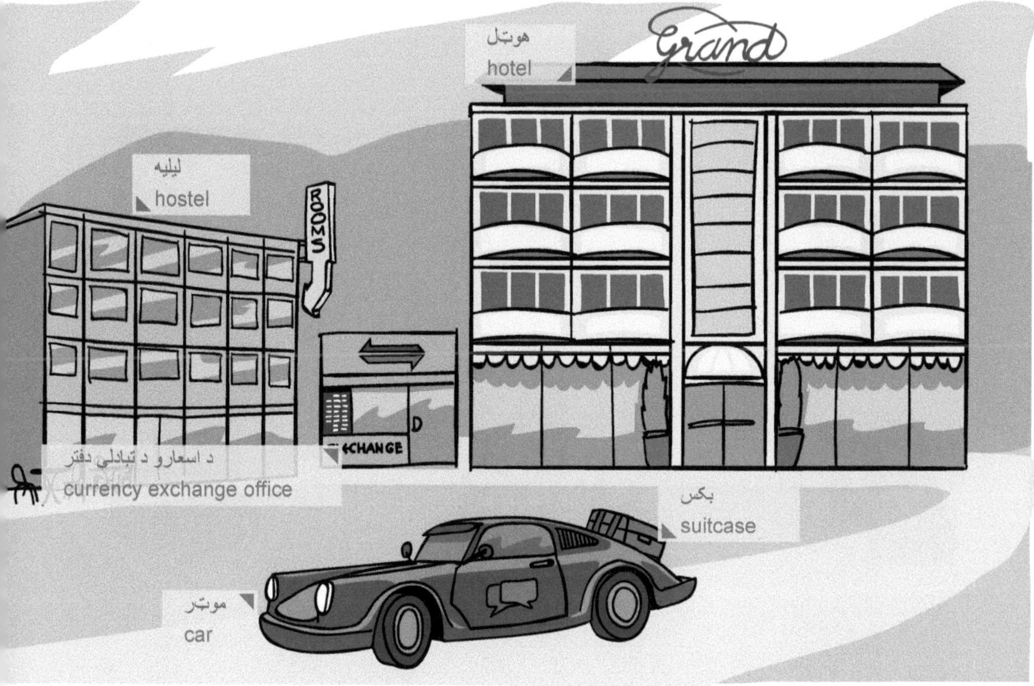

ژبه

language

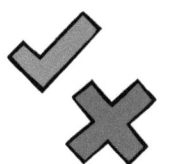

هو/نه

yes / no

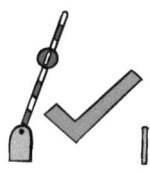

سمه ده

Okay

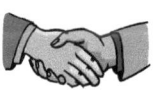

سلام

hello

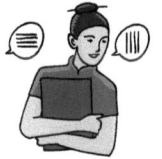

ژباړونکی

translator

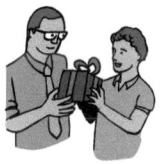

مننه

Thank you

څومره دي...؟

how much is…?

زه نه پوهيږم

I don´t get it

ستونزه

problem

ماښام مو پخير!

Good evening!

سهار په خير!

Good morning!

شپه په خير!

Good night!

په مخه مو ښه

goodbye

لارښود

direction

سامان

luggage

بيگ

bag

شاتنۍ بکس

backpack

ميلمه

guest

خونه

room

د خوب کڅوړه

sleeping bag

خيمه

tent

د توريزم معلومات

tourist information

ساحل

beach

کريډيټ کارت

credit card

ناری

breakfast

د غرمي خواړه

lunch

د شپي خواړه

dinner

ټيکټ

Ticket

لفټ

elevator

مهر

stamp

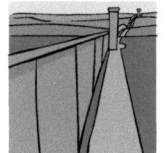

پوله

border

ګمرک

customs

سفارت

embassy

ويزه

visa

پاسپورت

passport

ټرانسپورټ

transport

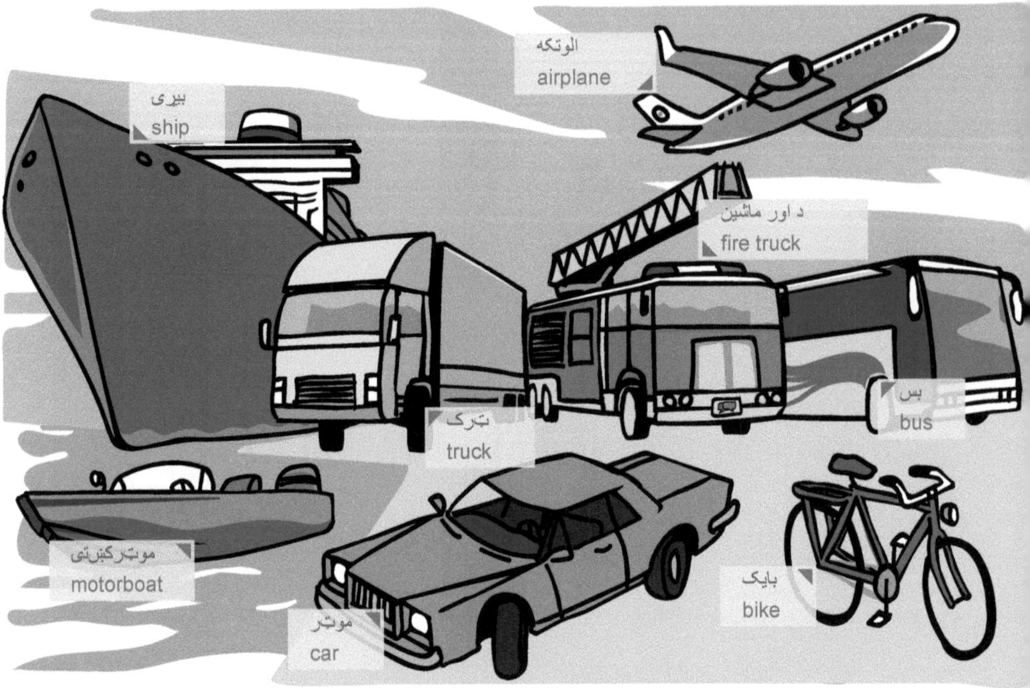
الوتکه
airplane
بیړۍ
ship
د اور ماشین
fire truck
ټرک
truck
بس
bus
موټرکښتۍ
motorboat
بایک
bike
موټر
car

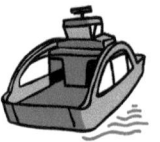

کښتۍ

ferry

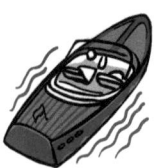

کښتۍ

boat

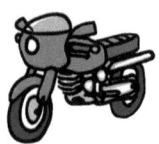

موټرسایکل

motorbike

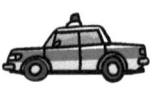

د پولیسو موټر

police car

د ریس موټر

racing car

کرایي موټر

rental car

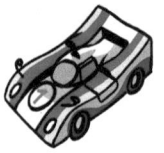

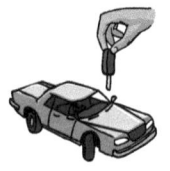

د کرايه موټري

car sharing

جرثقيل لرونکی ټرک

tow truck

ريفيوز ټرک

garbage truck

موټر

engine

سونګ ټوکي

fuel

پټرول سټيشن

fuel station

ترافيکي نښه

traffic sign

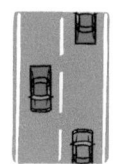

ترافيک

traffic

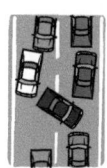

جام ترافيک

traffic jam

د موټرو تمځای

parking lot

د ريل سټيشن

train station

پاټکي

tracks

ريل

train

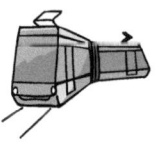

ټرام

tram

واګون

wagon

چورلکه

helicopter

هوايي ډګر

airport

برج

tower

مسافر

passenger

کانټينر

container

کارتون

carton

کارت

cart

ټوکرۍ

basket

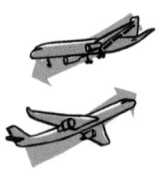

الوتنه کول/کښېناستل

take off / land

ښار

city

کلی

village

د ښار مرکز

city center

کور

house

سینما
movie theater ▼

اعلان
advert ▼

د کوڅې لامپ
street light ▼

CINEMA

کوڅه
street ▼

ټیکسي
taxi ▼

د خوارو پلورنځی
snack shop

پیاده
pedestrian ▼

پلي لاره
sidewalk ▼

د سرک څخه تیریدو لاره
zebra crossing

اشغالدانی (لوی)
dumpster ▼

د تیریدو لاره
crossing ▼

د ترافیک څراغونه
traffic lights ▼

کودله

hut

اپارتمان

apartment

د ریل سټیشن

train station

ټاون هال

city hall

میوزیم

museum

ښوونځی

school

پوهنتون

university

بانک

bank

روغتون

hospital

هوټل

hotel

درملتون

pharmacy

دفتر

office

کتاب پلورنځی

book shop

پلورنځی

shop

د ګلانو پلورنځی

flower shop

لوی پلورنځی

supermarket

مارکیټ

market

د ډیپارټمنټ سټور

department store

کب پلورنځی

fishmonger's shop

د پلور مرکز

mall

لنگرتون

harbor

پارک

park

بينچ

bench

پل

bridge

زينه

stairs

د ځمکي لاندی

subway

تونل

tunnel

بس تمځای

bus stop

بار

bar

ريستورانت

restaurant

پوست بکس

postbox

د کوڅي نښه

street sign

د پارک کولو ميټر

parking meter

ژوبڼ

zoo

د لامبو حوض

swimming pool

مسجد

mosque

کرونده

farm

ناپاکي

pollution

هدیره

cemetery

چرچ

church

د لوبو ډګر

playground

معبد/کلیسا

temple

منظره

landscape

پاڼه
leaf

د لارښوونې نښه
signpost

لاره
path

چمن
meadow

کاڼی
stone

ونه
tree

هایکر
hiker

سیند
river

وښه
grass

ګل
flower

دره

valley

غونډۍ

hill

ناور

lake

ځنګل

forest

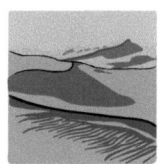

دشته

desert

اورشیندی

volcano

کلا

castle

رنگین کمان

rainbow

مرخيړي

mushroom

پلم ونه

palm tree

ماشي

mosquito

الوتل

fly

میږی

ant

مچۍ

bee

غوندۀ/جولا

spider

کونگت

beetle

چونگبڑہ

frog

نولی

squirrel

زیریکی

hedgehog

سوی

hare

کونگ

owl

مرغی

bird

قازہ

swan

نرخوک

boar

ہوسی

deer

گاوزہ

moose

بند

dam

بادي توربین

wind turbine

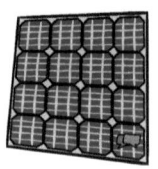

سولر تختی

solar panel

اقلیم

climate

ریسټورانټ

restaurant

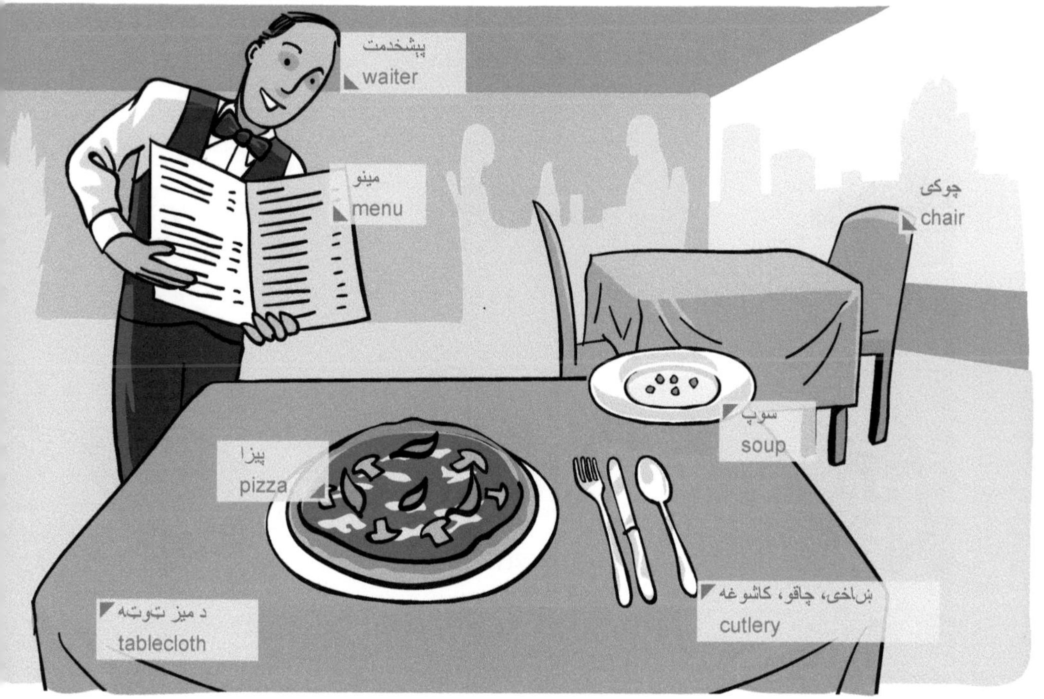
پیشخدمت
waiter
مینو
menu
چوکۍ
chair
سوپ
soup
پیزا
pizza
د میز ټوټه
tablecloth
بڼاخۍ، چاقو، کاشوغه
cutlery

سټارټر

starter

اصلي خواړه

main course

شیریني

dessert

څښاک

drinks

خواړه

food

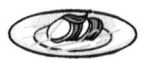

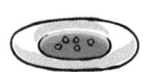

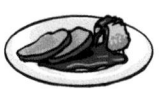

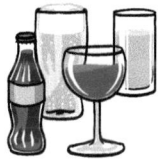

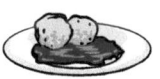

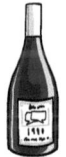

بوتل

bottle

فاسټ فوډ

fast food

د کوڅې خوارہ

street food

چای جوش

teapot

قندانی

sugar bowl

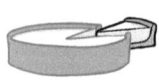

برخه

portion

اسپرسو مشین

espresso machine

لوړه چوکۍ

high chair

رسید

bill

مجمه

tray

چاکو

knife

پنجه

fork

قاشق

spoon

چای قاشق

teaspoon

سورویت

serviette

ګلاس

glass

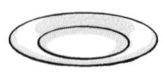

پلیټ

plate

د سوپ پلیټ

soup plate

نالبکی

saucer

ساس

sauce

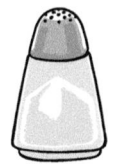

مالګه شیندونکی

salt shaker

د مرچ ټکولو لوخی

pepper mill

سرکه

vinegar

غوړي

oil

مساله

spices

کچ اپ

ketchup

شرشم

mustard

چکه

mayonnaise

لوی پلورنځی

supermarket

ځانګړی وړاندیز
special offer
FOR
پیرودونکی
customer
لبنیات
dairy products
میوه
fruit
لاسي ځرخ
shopping cart

BUTCHERS

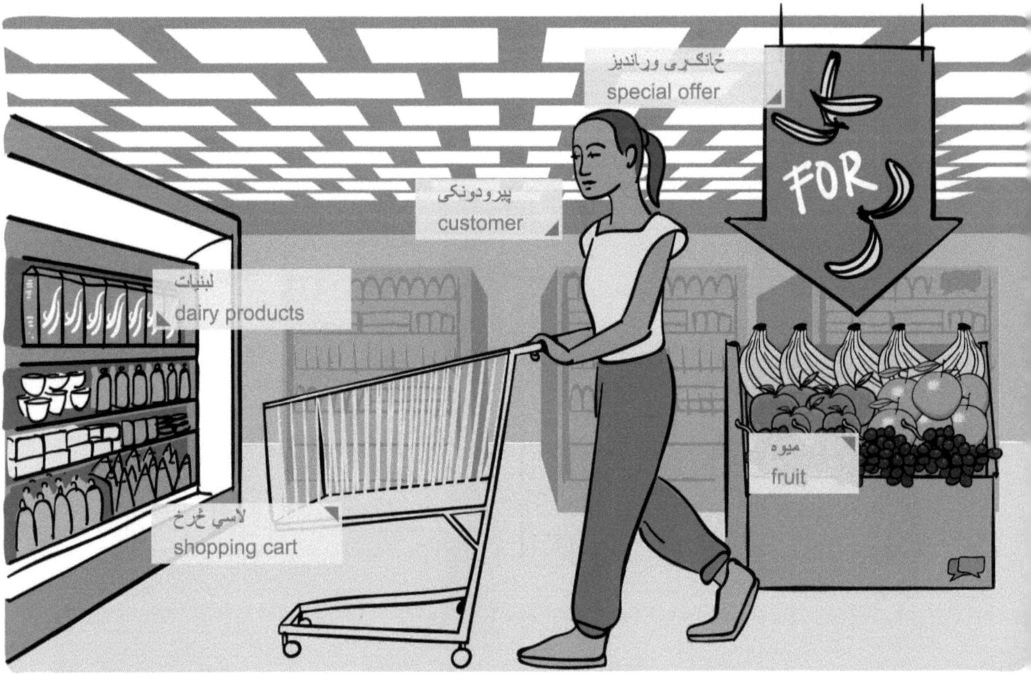

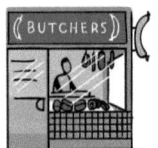

قصابي

butcher's shop

BAKERY

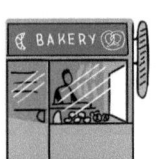

نانوایی

bakery

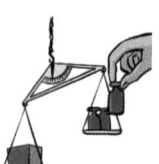

وزن کول

weigh

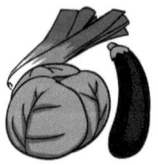

سبزیجات

vegetables

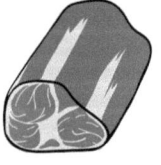

غوښه

meat

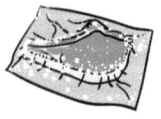

کنګل خواره

frozen food

يخه غوښه

cold cuts

کسروا حواره

canned food

د مینځلو پودر

detergent

شیريني

candy

کورني توليدات

household products

د پاکولو محصولات

cleaning products

د پلور فرد

sales representative

د نغدي راجستر

cash register

صراف

cashier

د پيرود لیست

shopping list

کاري ساعتونه

opening hours

بټوه

wallet

کریډیټ کارت

credit card

کڅوړه

bag

پلاستیک کڅوړه

plastic bag

اوبه

water

جوس

juice

شیده

milk

کوک

coke

واین

wine

بیر

beer

الکول

alcohol

ککاو

cocoa

چای

tea

کافی

coffee

أسپرسو

espresso

کپچینو

cappuccino

كيله

banana

مڼه

apple

نارنج

orange

هندوانه

melon

ليمو

lemon

گازره

carrot

هوږه

garlic

بانکس

bamboo

پياز

onion

سرخيري

mushroom

چغزی

nuts

آش

noodles

سپیګتۍ

spaghetti

وریجي

rice

سلاد

salad

چيپس

fries

سره کري کچالو

fried potatoes

پیزا

pizza

همبرګر

hamburger

ساندویچ

sandwich

کتره

escalope

د پتون غوښه

ham

سلمي

salami

ساسج

sausage

چرګ

chicken

روسټ

roast

کب

fish

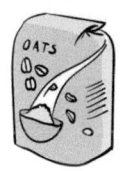

د وربشي شيرني

porridge oats

موسلي

muesli

د جوار پلی

cornflakes

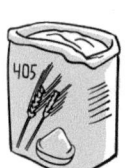

اوړه

flour

کروسانت

croissant

د ډوډۍ رول

bread roll

ډوډۍ

bread

ټوسټ

toast

بسکیټ

cookies

کوچ

butter

چکه

curd

کیک

cake

هګۍ

egg

پنسي هګۍ

fried egg

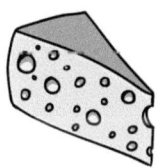

پنیر

cheese

آیس کریم

ice cream

بوره

sugar

شهد

honey

مربا

jelly

نوگات کریم

nougat cream

کورکمان

curry

کرونده
farm

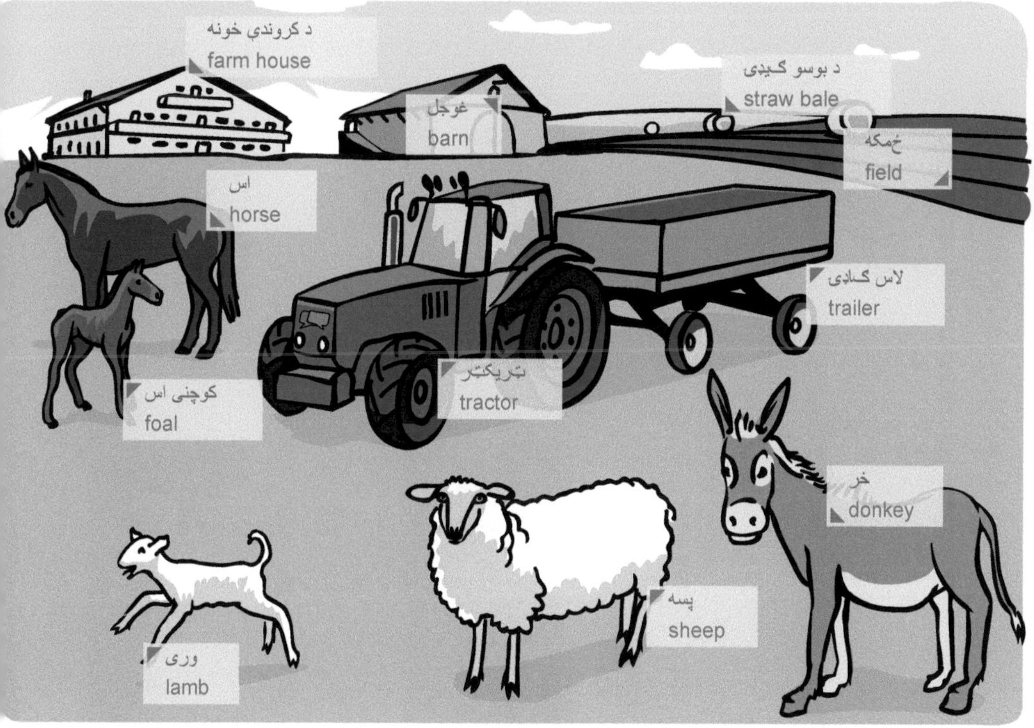
د کروندي خونه
farm house
غوجل
barn
د بوسو ګېډۍ
straw bale
ځمکه
field
اس
horse
لاس ګاډی
trailer
ټریکټر
tractor
کوچنی اس
foal
خر
donkey
پسه
sheep
وری
lamb

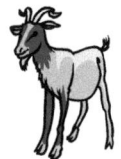

وزه
goat

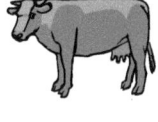

غوا
cow

خوسکی
calf

خوګ
pig

د خوګ بچی
piglet

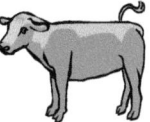

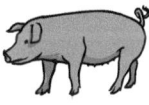

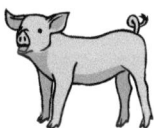

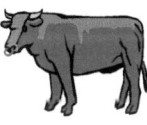

غویی
bull

بتّه
....
goose

هيلی
....
duck

چرگوړی
....
chick

چرگه
....
hen

بانګي
....
cockerel

سارای موږک
....
rat

پيشک
....
cat

موږک
....
mouse

غوئی
....
ox

سپی
....
dog

د سپي خونه
....
dog house

د باغ هوز
....
garden hose

د اوبو لوخی
....
watering can

لور (داس)
....
scythe

يوی
....
plow

لور

sickle

رمبی

hoe

بنْماخی

pitchfork

تَبر

axe

کراچی

pushcart

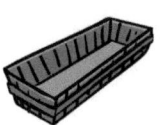

ناوه

trough

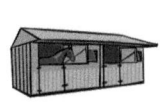

د شیدو لوخی

milk can

جوال

sack

کتاره

fence

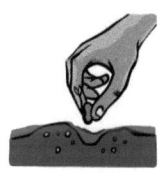

مضبوط

stable

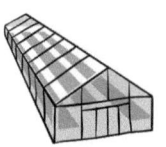

شنه خونه

greenhouse

خاوره

soil

تخم

seed

سرهـ/کود

fertilizer

گـد ریبونکی ماشین

combine harvester

زیرمه کول

harvest

درمند

harvest

خواږه کچالو

yams

غنم

wheat

سویا

soya

کچالو

potato

جوار

corn

نباتي تخم

rapeseed

د میوي ونه

fruit tree

مانیوک

manioc

غله

grain

کور

house

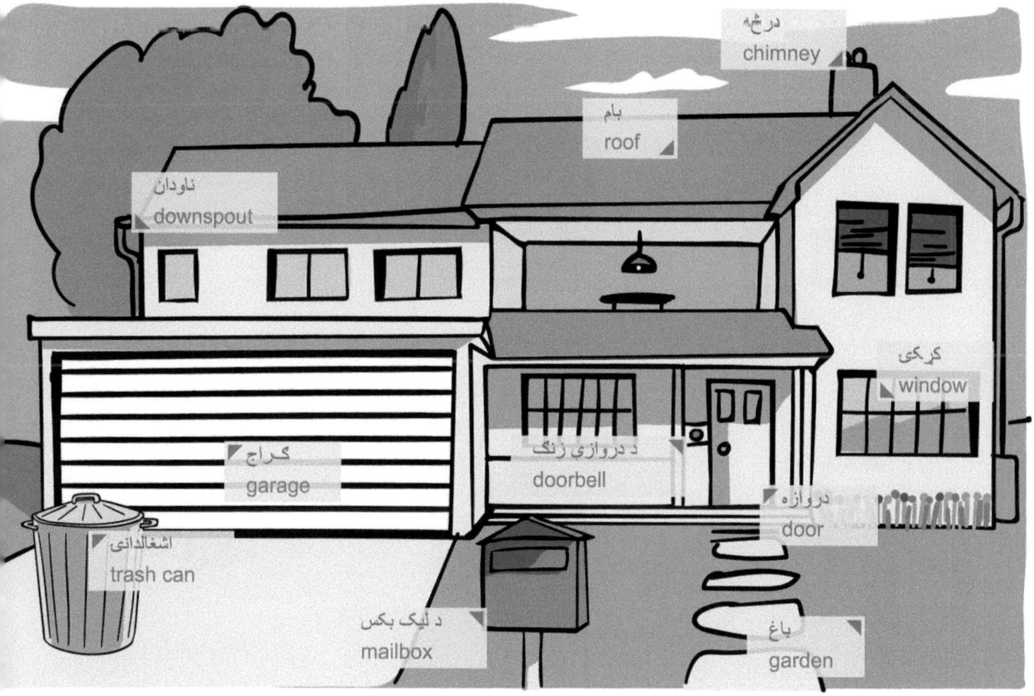
درځه
chimney
بام
roof
ناودان
downspout
کړکۍ
window
ګراج
garage
د دروازې زنګ
doorbell
دروازه
door
اشغالدانی
trash can
د لیک بکس
mailbox
باغ
garden

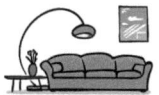

د اوسیدو خونه

living room

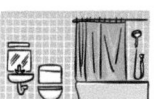

حمام

bathroom

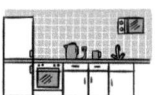

پخلنځی

kitchen

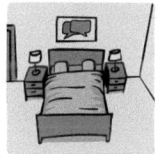

د ویده کیدو خونه

bedroom

د ماشوم خونه

kids room

د خوړو خونه

dining room

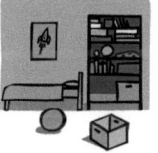

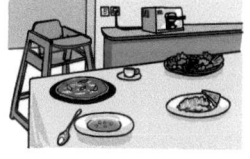

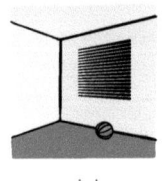

فرش

floor

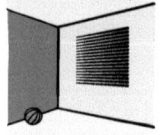

ديوال

wall

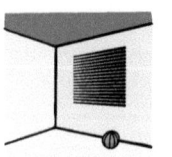

چت

ceiling

زيرخانه

cellar

سونا

sauna

بالکوني

balcony

تراس

terrace

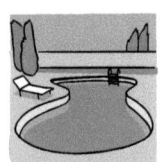

حوض

pool

د چمن وهلو ماشين

lawn mower

شيټ

sheet

روجايي

bedspread

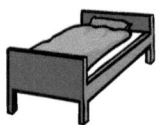

تخت

bed

جارو

broom

بوکه

bucket

سويچ

switch

د اوسیدو خونه

living room

والپيپر
wallpaper
عکس
picture
لاسپ
lamp
شيلف
shelf
الماری
cabinet
تلويزيون
television
نغری
fireplace
ګل
flower
بالښت
cushion
صوفه
sofa
ګلدانی
vase
ريموټ کنټرول
remote control

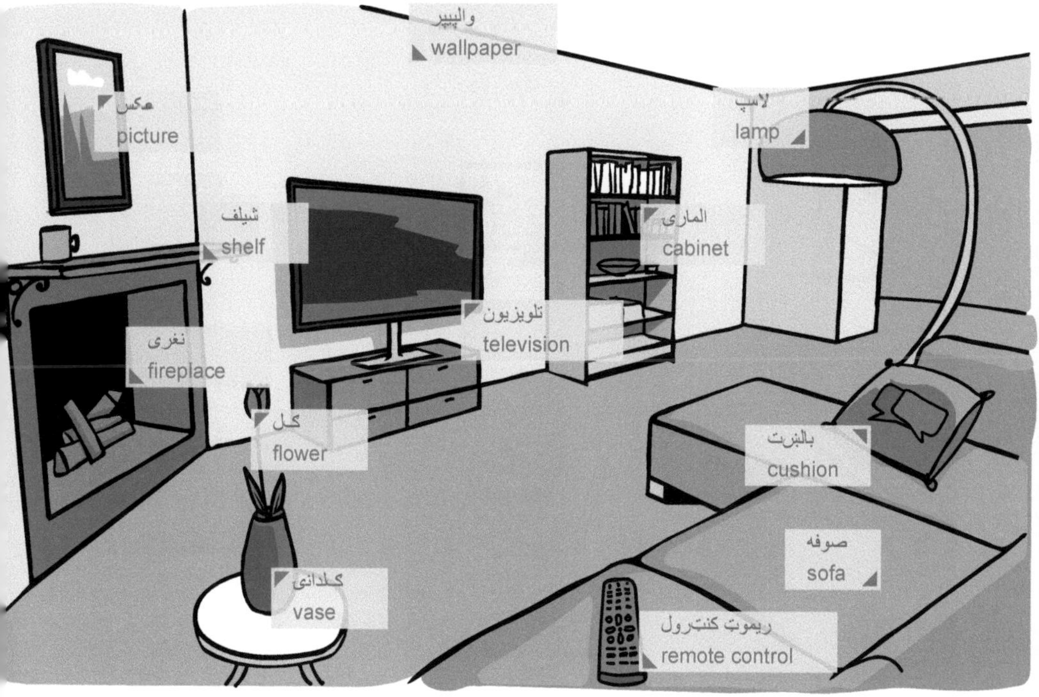

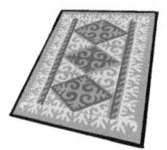

غالی

carpet

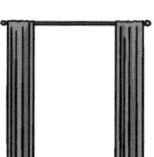

پرده

drape

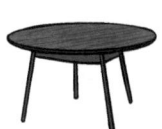

ميز

table

چوکی

chair

تاويدونکې چوکی

rocking chair

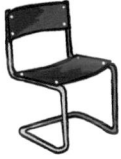

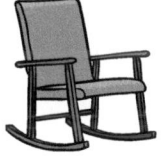

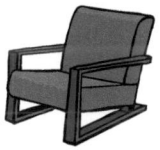

بازو لرونکی چوکی

armchair

كتاب

book

كمپل

blanket

ديكوريشن

decoration

د اور لرګي

firewood

فلم

film

هايفاى

stereo system

كلي

key

ورځپاڼه

newspaper

نقاشي

painting

پوسټر

poster

راډيو

radio

كتابچه

notebook

واكيوم جارو

vacuum cleaner

كاكټوس

cactus

شمع

candle

پخلنځی
kitchen

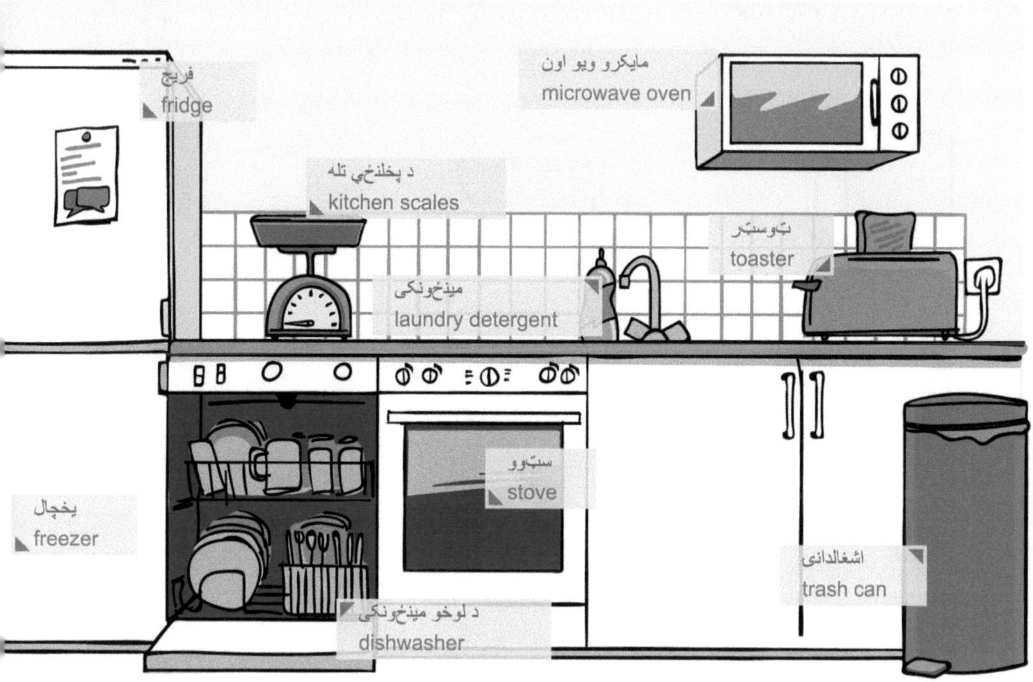

فریج
fridge
مایکرو ویو اون
microwave oven
د پخلنځي تله
kitchen scales
ټوسټر
toaster
مینځونکی
laundry detergent
سټوو
stove
یخچال
freezer
اشغالدانی
trash can
د لوخو مینځونکی
dishwasher

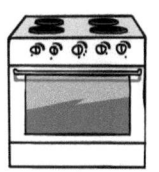

دیگ بخار

cooker

لوخی

pot

چدني لوخی

cast-iron pot

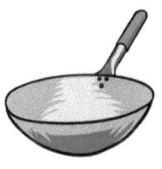

ووک

wok / kadai

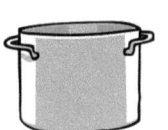

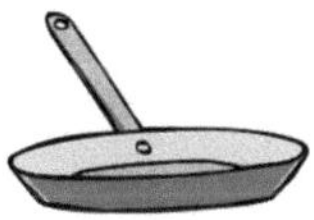

د تلي په

pan

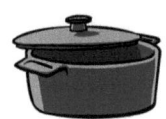

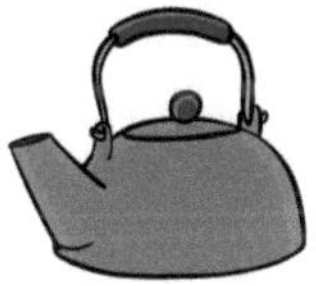

چای جوش

kettle

د بخار ديگ

steamer

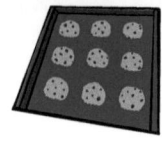

پټنوس

baking tray

لوخي

crockery

مگ

mug

کاسه

bowl

د رانيولو اوزار

chopsticks

ټمڅی

ladle

کفګير

spatula

پاکونکی

whisk

صافي

strainer

غلبيل

sieve

ګريتر

grater

اونګ

mortar

بار بي کيو

barbecue

خلاص اور

fireplace

تنته

chopping board

هوارونکی

rolling pin

کارک سکریو

corkscrew

ټیم

can

د ټیم خلاصونکی

can opener

د لوخي ټوټه

oven cloth

ظرف شوی

sink

برس

brush

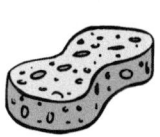

سپنج

sponge

بلیندر

blender

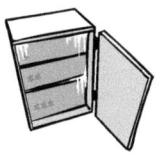

ژور یخچال

deep freezer

د ماشوم بوتل

baby bottle

نل

tap

bathroom

شاور
shower

تودول
heating

جان پاک
towel

د شاور پرده
shower curtain

بېل حمام
bubble bath

د حمام تب
bathtub

ګلاس
glass

د مېنخلو مشین
washing machine

ټایلونه
tiles

نل
tap

پو دول کمود
potty

ظرف شوی
sink

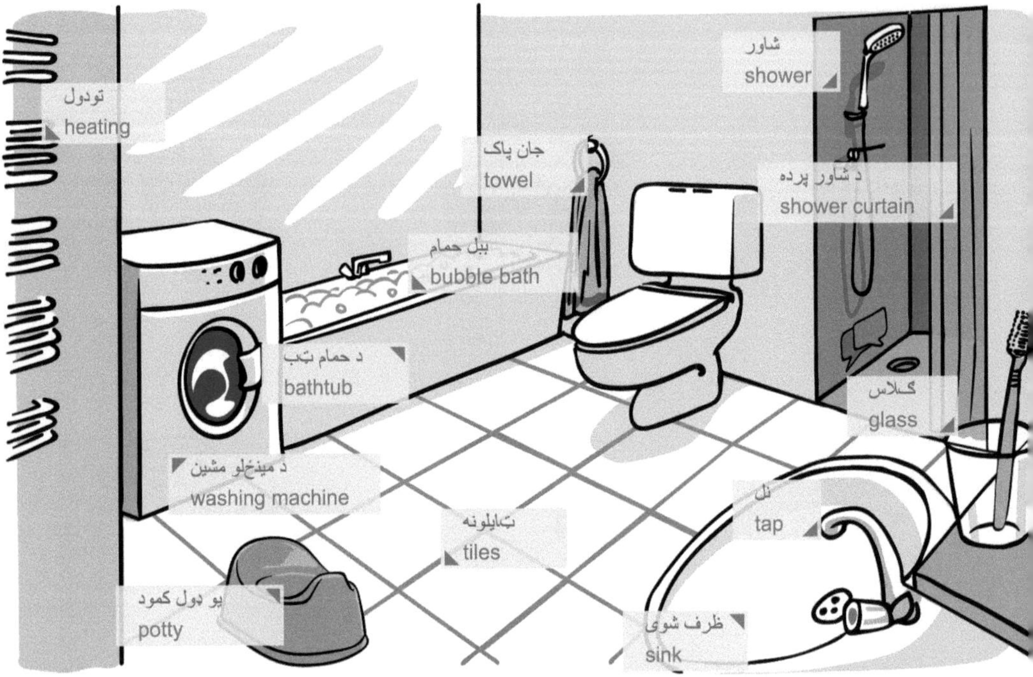

تشناب
toilet

فرشي کمود
squat toilet

کمود
bidet

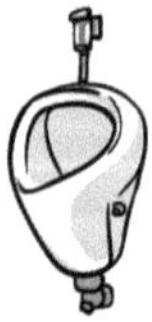

د متیازو ځای
urinal

تشناب کاغذ
toilet paper

د تشناب برس
toilet brush

د غاښونو برس

toothbrush

د غاښونو کریم

toothpaste

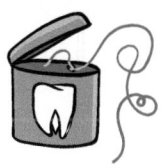

د غاښونو نخ

dental floss

مینځل

wash

لاسي شاور

hand shower

دوش

douche

خانک

basin

د شا برس

back brush

صابون

soap

د شاور ژل

shower gel

شامپو

shampoo

فلانل جامه

flannel

وچول

drain

کریم

creme

سپری

deodorant

آینه

mirror

لاسي آینه

hand mirror

ریزر

razor

د خریلو فوم

shaving foam

د خریلو وروسته

aftershave

گمذخ

comb

برس

brush

د ویښتانو وچونکی

hair-dryer

د ویښتانو سپری

hairspray

میک اپ

makeup

لیپ ستیک

lipstick

د نوکانو پالش

nail varnish

کاتن وری

cotton wool

ناخن گیر

nail scissors

عطر

perfume

د مینځلو ډغوره

washbag

ستول

stool

د وزن کولو تله

weighing scales

د حمام پوښاک

bathrobe

د ربړ دستکش

rubber gloves

تامپون

tampon

صحیی جان پاک

sanitary towel

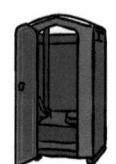

کیمیکل تشناب

chemical toilet

د ماشوم خونه

kids room

د الارم ساعت
alarm clock
د لوبو وسایل
cuddly toy
د ناځکي موټر
toy car
ریټل
rattle
د ناځکو خونه
doll's house
دالی
present

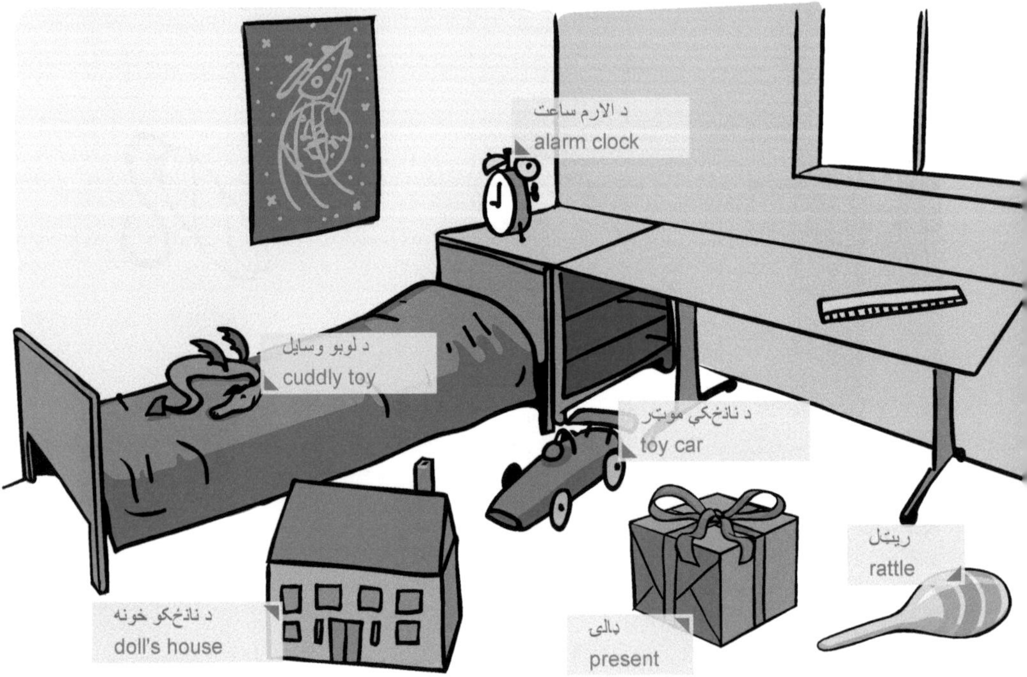

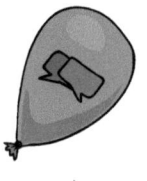

بالون

balloon

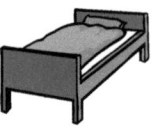

تخت

bed

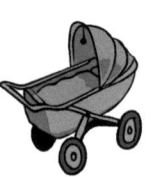

کالسکه

stroller

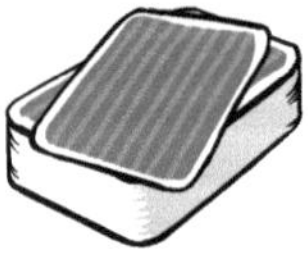

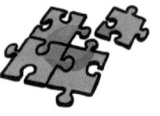

د لوبو ورقي

deck of cards

جیګسا

jigsaw

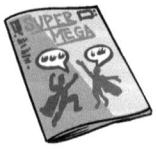

مسخره

comic

لیګو بریک

lego bricks

د ناڅخو بلاک

toy blocks

د اکشن فیګور

action figure

د ماشوم پوښاک

romper suit

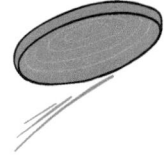

فریزبي

frisbee

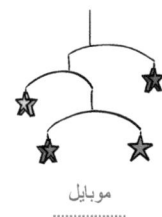

موبایل

mobile

بورډ لوبه

board game

تاس

dice

ماډل ریل سیت

model train set

ګونګشی

pacifier

پارتي

party

د عکسونو البوم

picture book

بال

ball

ناڅخه

doll

لوبیدل

play

د شګو کنده
....
sandpit

سوینګ
....
swing

نانځکي
....
toys

د ویډیو لوبو کنسول
....
video game console

نټرای سایکل
....
tricycle

ګوډکه
....
teddy bear

د کالو الماری
....
wardrobe

پوښاک

clothing

جرابي
....
socks

لوړي جرابي
....
stockings

تایټس
....
tights

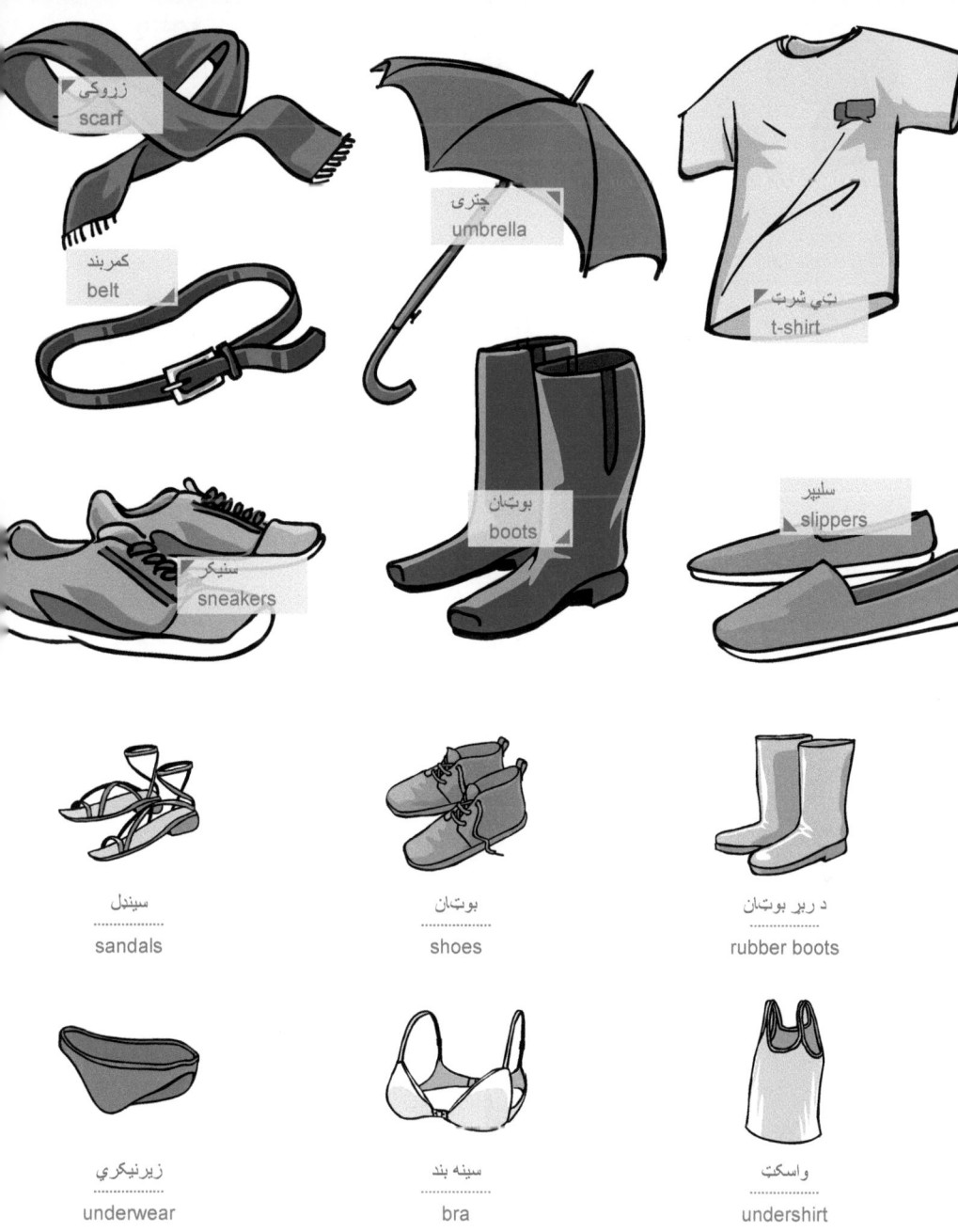

زروکی
scarf

چتری
umbrella

تي شرت
t-shirt

کمربند
belt

بوتان
boots

سلیپر
slippers

سنیکر
sneakers

سینډل
sandals

بوتان
shoes

د ربر بوتان
rubber boots

زیرنیکري
underwear

سینه بند
bra

واسکټ
undershirt

پوښاک - clothing   45

بادي
body

پتلون
pants

جينز
jeans

لمن
skirt

بلاوز
blouse

شرت
shirt

بنيان
pullover

سويتر
sweater

بليزر
blazer

جاکت
jacket

کوت
coat

د باران کوت
raincoat

پوشاک
costume

کالي
dress

د واده پوشاک
wedding dress

دریشي

suit

د شپې پوښاک

nightgown

پاجامه

pajamas

ساري

sari

لوپیته

headscarf

پټکی

turban

برقه

burka

کفتن

kaftan

عبا

abaya

د لامبو پوښاک

swimsuit

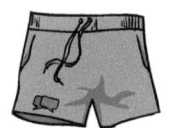

نیکر

trunks

شارټ

shorts

د خغاستي پوښاک

tracksuit

پیش بند

apron

دستکش

gloves

پوښاک - clothing

بټن

button

عینک

glasses

لاس بند

bracelet

غاړه کی

necklace

ګوتمه

ring

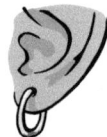

غوږوالۍ

earring

خولۍ

cap

کوټ بند

coat hanger

خولۍ

hat

نتايي

tie

ځنځير

zip

هیلمیت

helmet

ترونکۍ

braces

د ښوونځي یونیفارم

school uniform

یونیفارم

uniform

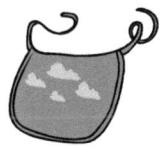

بيب

bib

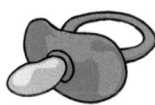

ګونګشی

pacifier

نيپي

diaper

دفتر

office

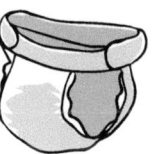

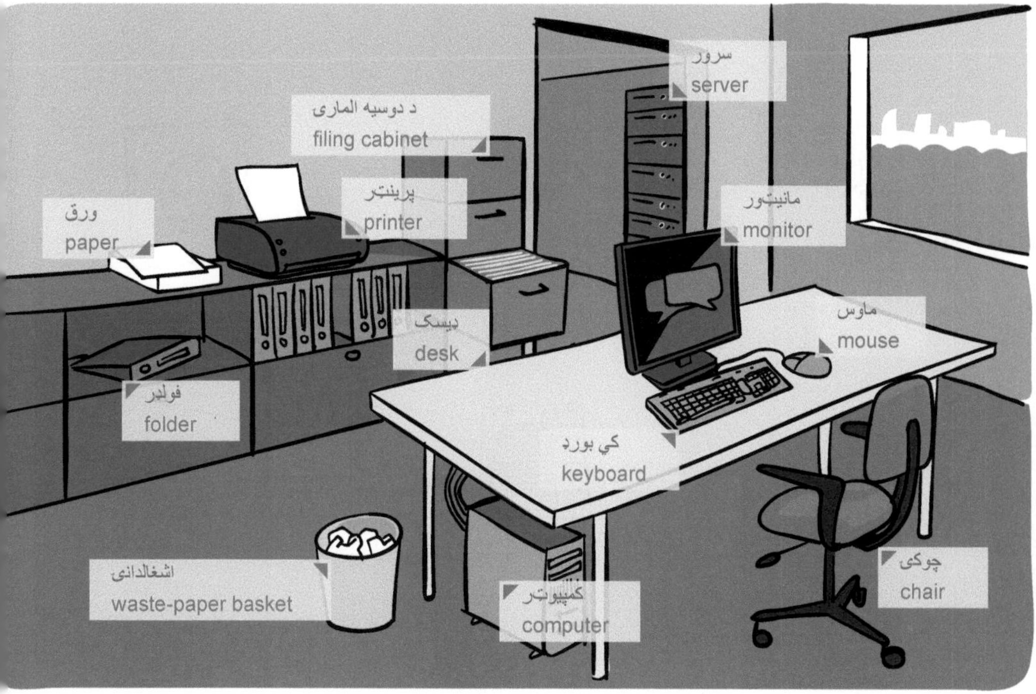
سرور
server
د دوسیه الماری
filing cabinet
پرینټر
printer
ورق
paper
مانیټور
monitor
ماوس
mouse
دیسک
desk
فولډر
folder
کي بورډ
keyboard
اشغالدانی
waste-paper basket
کمپیوټر
computer
چوکی
chair

د کافي پیاله

coffee mug

کالکولیټر

calculator

انټرنیټ

internet

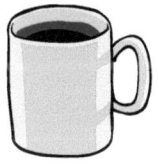

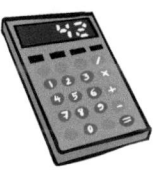

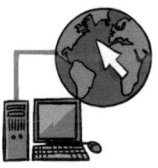

لپ ٹاپ

laptop

لیک

letter

پیغام

message

موبایل

cell phone

نیٹورک

network

فوٹوکاپیر

photocopier

سافٹویر

software

ٹلیفون

telephone

پلگ ساکٹ

plug socket

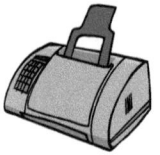

فکس مشین

fax machine

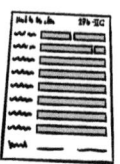

فارم

form

سند

document

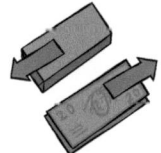

پیرل

buy

تادیه کول

pay

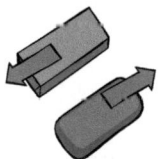

سوداگري کول

trade

پیسې

money

ډالر

dollar

یورو

euro

ین

yen

ربل

rouble

سویسي فرانک

Swiss franc

ریمینبي یوان

renminbi yuan

روپۍ

rupee

د نغدي پیسو ځای

cash point

د اسعارو د تبادلي دفتر

currency exchange office

سره زر

gold

سپين زر

silver

تیل

oil

انرژي

energy

نرخ

price

قرارداد

contract

ماليه

tax

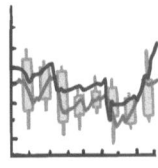

اسهام

stock

کار کول

work

کارمند

employee

کار ګومارونکی

employer

فابریکه

factory

پلورنځی

shop

د پوليسو افسر
police officer

د اطفايه غری
fireman

آشپز
cook

ډاکتر
doctor

پيلوت
pilot

باغوان
....
gardener

نجار
....
carpenter

خياط
....
seamstress

قاضي
....
judge

کيميا پوه
....
chemist

د فلم لوبغاری
....
actor

د بس درایور

bus driver

د ټیکسي ډرایور

taxi driver

کب نیونکی

fisherman

خدمه

cleaning lady

بام جوړونکی

roofer

پیشخدمت

waiter

ښکاري

hunter

نقاش

painter

نانوا

baker

د برښنا کارکونکی

electrician

تعمیر جوړونکی

builder

انجنیر

engineer

قصاب

butcher

نلدوان

plumber

پوست رسونکی

postman

سرتیری

soldier

مهندس

architect

صراف

cashier

مالیار

florist

نایی

hairdresser

کلیندر

conductor

میکانیک

mechanic

کپتان

captain

د غاښونو ډاکتر

dentist

ساینس پوه

scientist

ښاغلی

rabbi

امام

imam

مذهبي نفر

monk

پادري

pastor

لوازم
tools

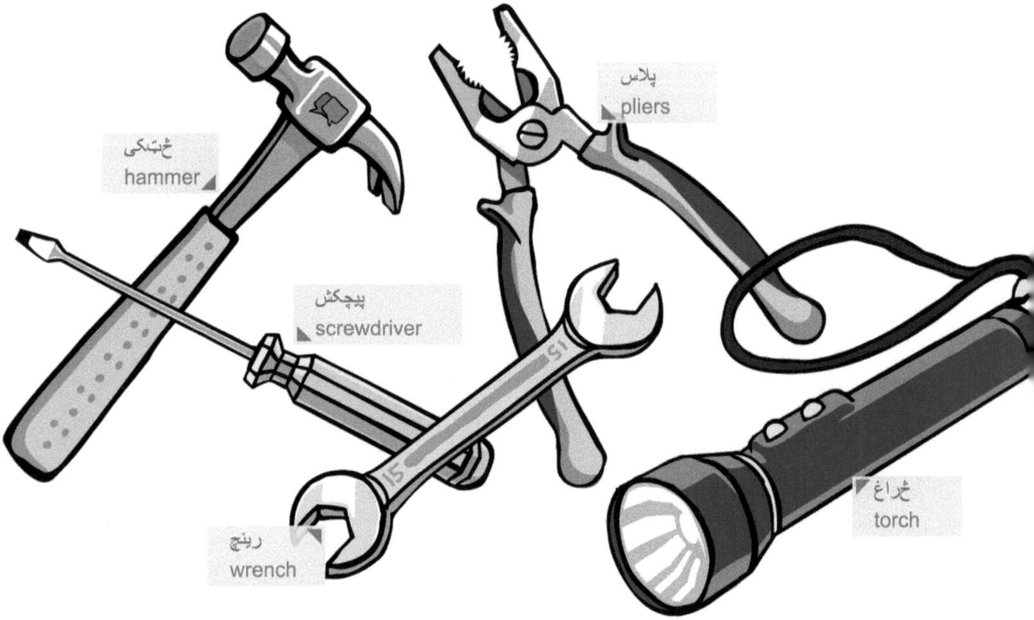

څټکی
hammer
پلاس
pliers
پیچکش
screwdriver
رینچ
wrench
څراغ
torch

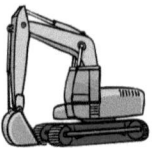

کنستونکی

excavator

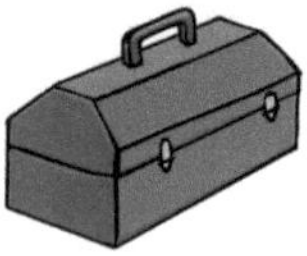

د لوازمو بکس

toolbox

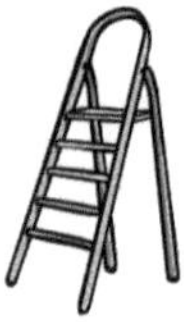

زینه

ladder

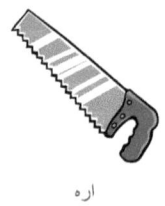

اره

saw

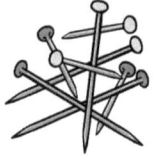

میخونه

nails

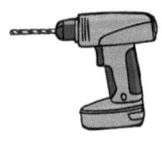

برمه

drill

لرميم ګول

repair

بيل

shovel

لعنت!

Damn!

خاک انداز

dustpan

مشوانۍ

paint can

پيچونه

screws

د ميوزيک آلات

musical instruments

درم سيت
drum set

لاود سپيکر
loud speaker

کيتار
guitar

کنترباس
double bass

ترومپيټ
trumpet

پیانو

piano

وایلن

violin

بیس

bass

نغاره

timpani

درمونه

drums

کي بورډ

keyboard

سیکسافون

saxophone

شپیلی

flute

مایکروفون

microphone

ژوبڼ

zoo

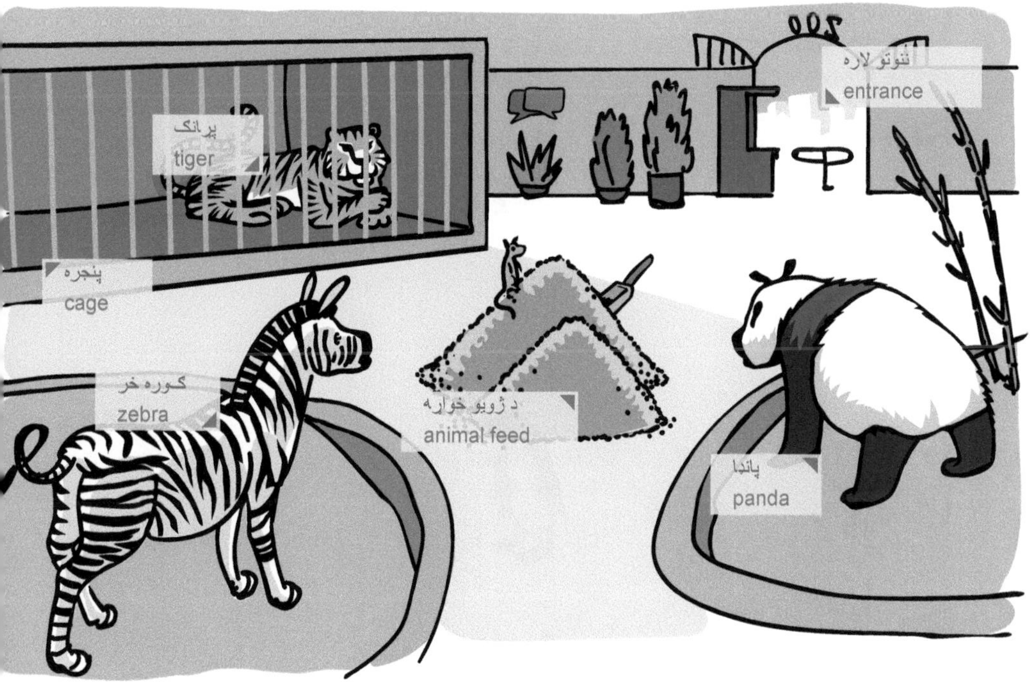

پړانګ
tiger
ننوتو لاره
entrance
پنجره
cage
ګوره خر
zebra
د ژويو خواره
animal feed
پانډا
panda

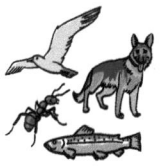

ژوی

animals

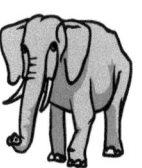

هاتي

elephant

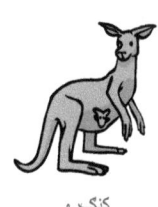

کنګرو

kangaroo

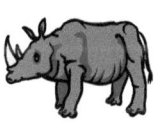

د اوبو اسپ

rhino

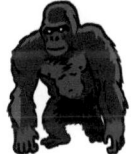

ګوریلا

gorilla

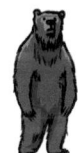

ایږه

bear

اوښ
....
camel

شترمرغ
....
ostrich

زمری
....
lion

بيزو
....
monkey

غزی
....
flamingo

طوطي
....
parrot

قطبي ايږه
....
polar bear

پينګوين
....
penguin

شارک
....
shark

طاوس
....
peacock

مار
....
snake

تمساح
....
crocodile

ژوبڼ ساتونکی
....
zookeeper

سيل
....
seal

جګوار
....
jaguar

يابو

pony

پرانگ

leopard

هيپو

hippo

زرافه

giraffe

باز

eagle

نرخوگ

boar

کب

fish

شمشتی

turtle

سمندري نولی

walrus

گيدره

fox

هوسی

gazelle

امریکایی فټبال
American football

سایکل چغلول
cycling

ټینیس
tennis

باسکیتبال
basketball

لامبو
swimming

د کنګل هاکي
ice hockey

باکسینګ
boxing

فټبال
....
soccer

کسیزه
....
badminton

د خغاستي لوبي
....
athletics

د هندبال
....
handball

سکي
....
skiing

پولو
....
polo

فعاليتونه

activities

خندل
laugh
ټوپ وهل
jump
غاړه ورکول
hug
ګرځېدل
walk
سندرې ويل
sing
خوب ليدل
dream
عبادت کول
pray
مچو کول
kiss

ليکل
....
write

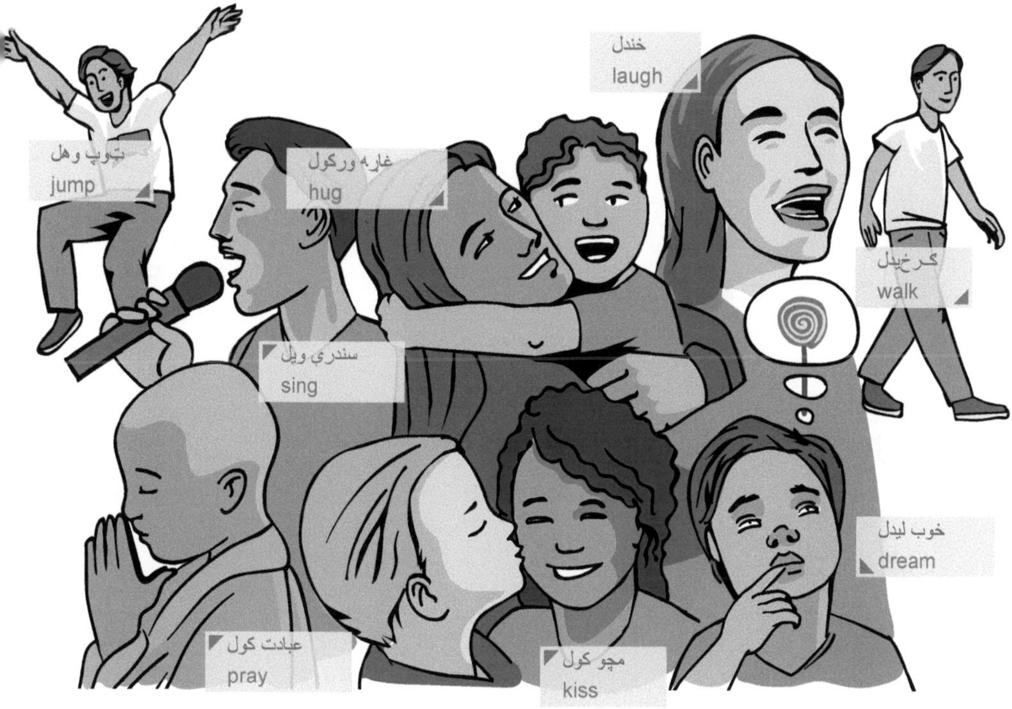

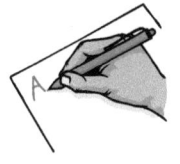

کښل
....
draw

ښودل
....
show

ټېله کول
....
push

ورکول
....
give

اخيستل
....
take

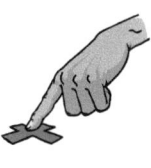

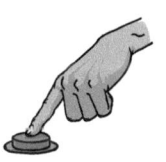

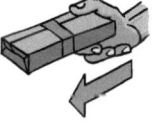

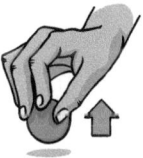

درلودل

have

کول

do

پاییدل

be

ودریدل

stand

مندي وهل

run

راکښل

pull

ګوزارل

throw

لویدل

fall

څملاستل

lie

انتظار کول

wait

ورل

carry

کښېناستل

sit

پوښاک اغوستل

get dressed

ویده کیدل

sleep

پاڅیدل

wake up

ګتل

look at

ژړل

cry

برید کول

stroke

ګمنځ کول

comb

خبرې کول

talk

پوهیدل

understand

غوښتل

ask

اوریدل

listen

څښل

drink

خوړل

eat

پاکول

tidy up

مینه کول

love

پخلی کول

cook

موټر چلول

drive

الوتل

fly

بیری چلول

sail

حساب

calculate

لوستل

read

زده کول

learn

کار کول

work

واده کول

marry

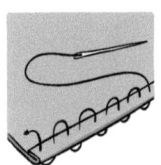

گنډل

sew

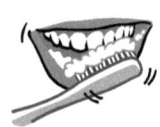

د غاښونو برس کول

brush teeth

وژل

kill

سگرت څښل

smoke

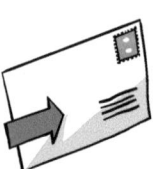

لیږل

send

family

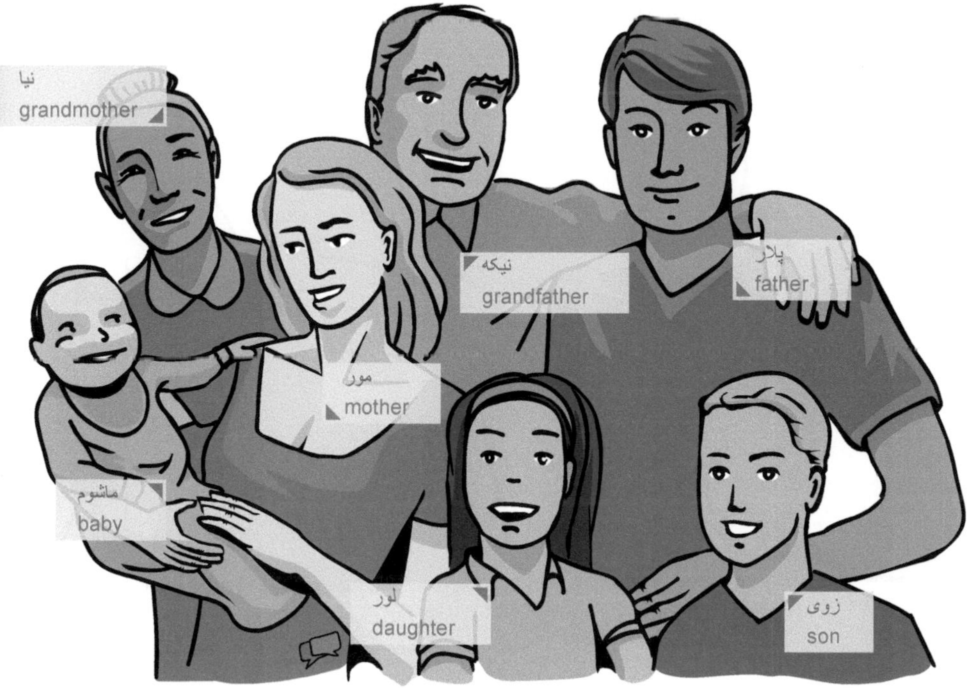

نیا
grandmother
نیکه
grandfather
پلار
father
مور
mother
ماشوم
baby
لور
daughter
زوی
son

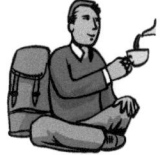

میلمه

guest

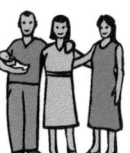

ترور

aunt

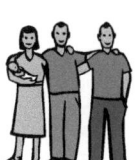

کاکا/ماما

uncle

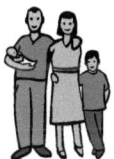

ورور

brother

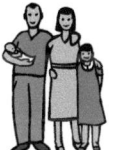

خور

sister

بدن

body

تندی
forehead
سترګی
eye
اوږه
shoulder
ګوته
finger
مخ
face
زنه
chin
لاس
hand
سینه
breast
پښه
leg
مټ
arm

ماشوم

baby

سړی

man

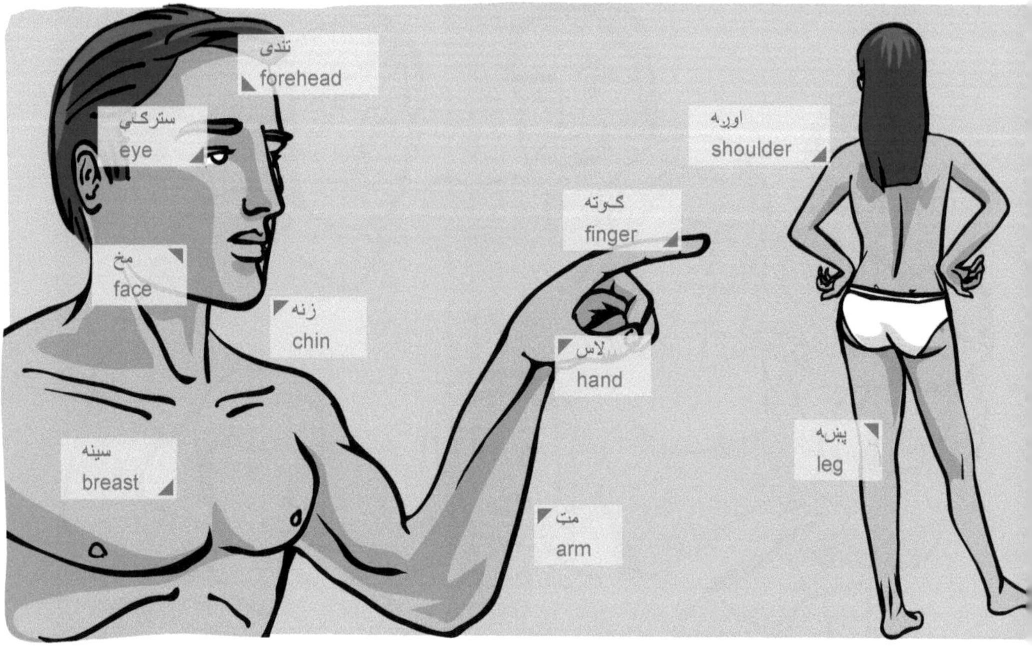

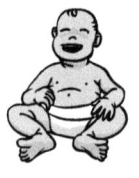

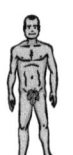

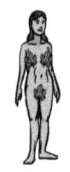

ښځه

woman

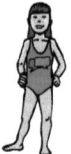

انجلۍ

girl

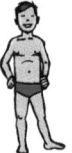

هلک

boy

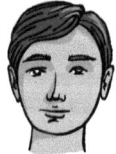

سر

head

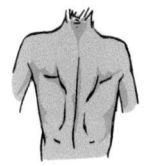

شا

back

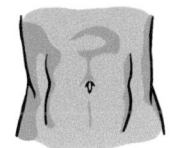

خیټه

belly

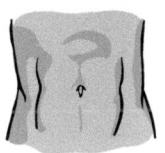

نوم

navel

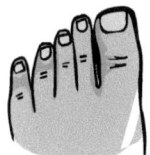

د پښې ګوته

toe

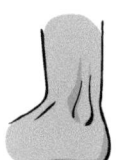

پونده

heel

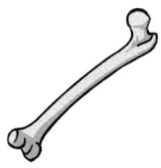

هډوکی

bone

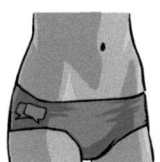

کوناټی

hip

زنګون

knee

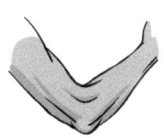

څنګل

elbow

پوزه

nose

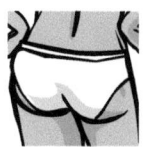

لاندي برخه

buttocks

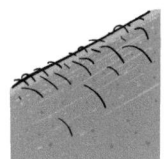

پوستکی

skin

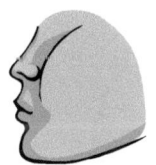

غومبوری

cheek

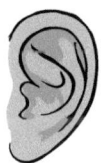

غوږ

ear

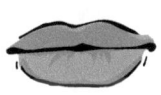

شونډه

lip

خوله

mouth

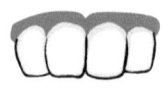

غاښ

tooth

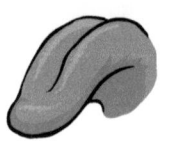

ژبه

tongue

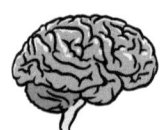

مغز

brain

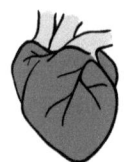

زړه

heart

عضله

muscle

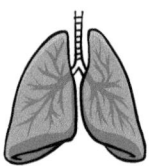

سږی

lung

ځيګر

liver

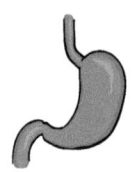

معده

stomach

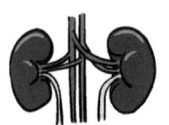

پښتورګي

kidneys

جنسي نزدي والی

sex

کاندوم

condom

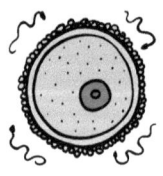

تخمه

ovum

مني

semen

حمل

pregnancy

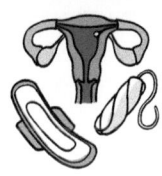

حیض
....
menstruation

مهبل
....
vagina

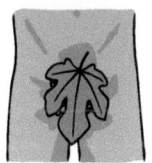

د نارینه تناسلي آله
....
penis

وروځی
....
eyebrow

ویښته
....
hair

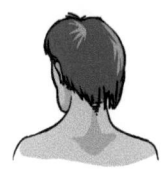

غاړه
....
neck

روغتون

hospital

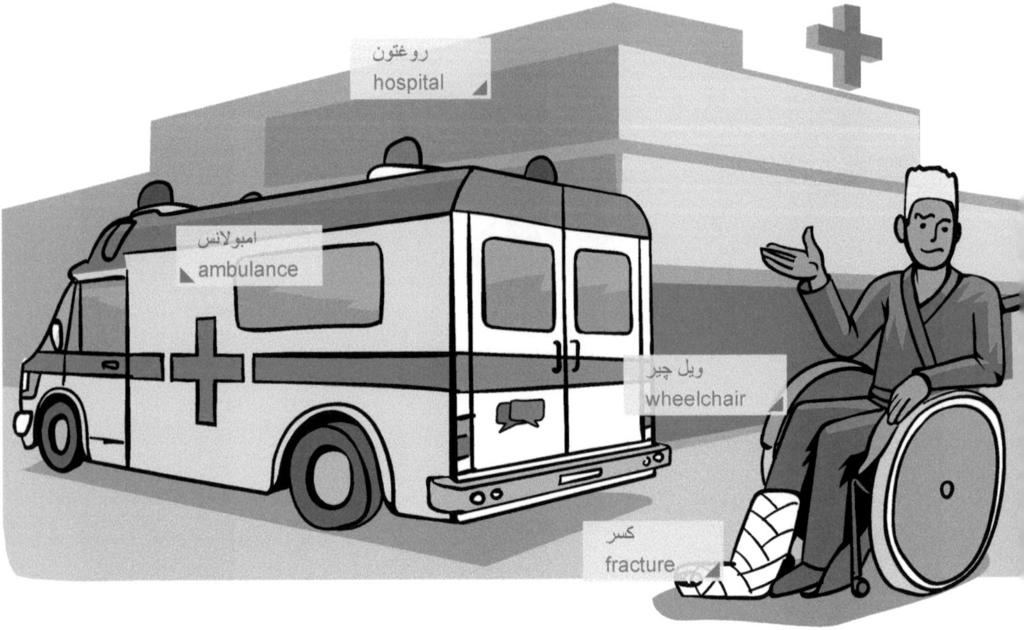

روغتون
hospital
امبولانس
ambulance
ویل چیر
wheelchair
کسر
fracture

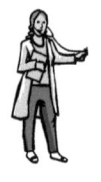

داکتر

doctor

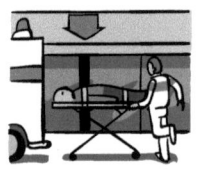

عاجل خونه

emergency room

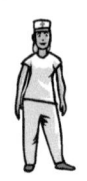

رنځورپال

nurse

عاجل

emergency

بي هوش

unconscious

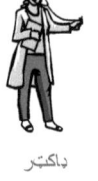

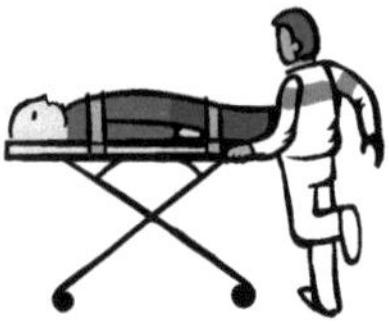

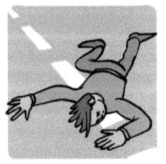

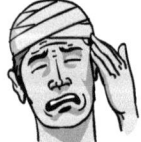

درد

pain

تپ

injury

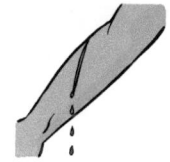

وينه تويدل

bleeding

د زړه حمله

heart attack

ضرب

stroke

حساسيت

allergy

ټوخی

cough

تبه

fever

انفلوينزا

flu

نس ناستی

diarrhea

سر درد

headache

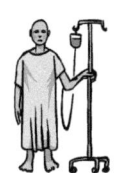

سرطان

cancer

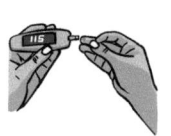

شکر

diabetes

جراح

surgeon

سکالپل

scalpel

عمليات

operation

سيرتپي
CT

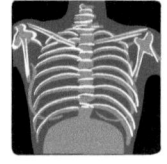

ايكس ری
x-ray

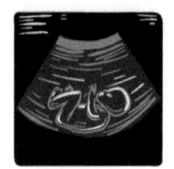

الټراساوند
ultrasound

د مخ ماسک
face mask

ناروغي
disease

انتظار خونه
waiting room

امساآ
crutch

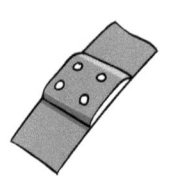

پلستر
plaster

بنداژ
bandage

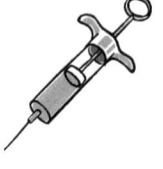

تزریق
injection

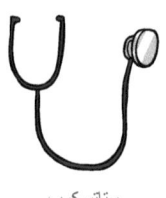

ستاتسکوپ
stethoscope

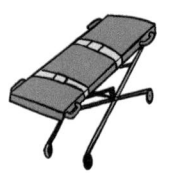

تسکيره
stretcher

کلينکي ترماميتر
clinical thermometer

زيږون
birth

زيات وزن
overweight

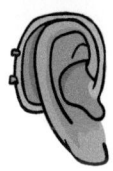

د اوريدو مرسته

hearing aid

د عفونيت څخه ‌پاکوئگي مواد

disinfectant

عفونيت

infection

ويروس

virus

ايچ.آي.وي/ايدز

HIV / AIDS

درمل

medicine

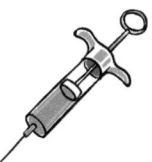

واكسين

vaccination

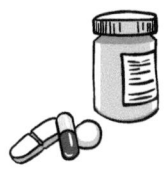

ټابليټس

tablets

گولۍ

pill

عاجل تليفون

emergency call

د ويني د فشار څارونکی

blood pressure monitor

ناروغ/روغ

ill / healthy

مرسته!
Help!

الارم
alarm

يرغل
assault

بريد
attack

خطر
danger

عاجل لاره
emergency exit

اور!
Fire!

د اور وژونکی
fire extinguisher

پېښه
accident

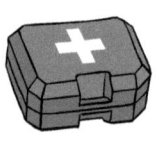

د لومړی مرستي لوازم
first-aid kit

ايس.او.ايس
SOS

پوليس
police

اروپا

Europe

شمالي امریکا

North America

سهیلي امریکا

South America

افریقا

Africa

آسیا

Asia

آسټریلیا

Australia

اتلانتیک

Atlantic

پاسیفیک

Pacific

د هند بحر

Indian Ocean

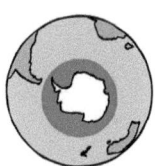

جنوبي منجمد بحر

Antarctic Ocean

د شمال قطب بحر

Arctic Ocean

شمالي قطب

North pole

سهيلي قطب

South pole

انټارکټيکا

Antarctica

خمکه

earth

خمکه

land

بحر

sea

ټاپو

island

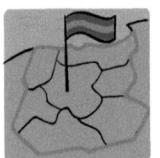

ملت

nation

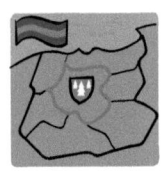

دولت

state

د مخي ساعت

clock face

د ساعت ستنه

hour hand

د دقیقی ستنه

minute hand

د ثانیی ستنه

second hand

څه وخت دی؟

What time is it?

ورځ

day

وخت

time

اوس

now

دیجیتل ساعت

digital watch

دقیقه

minute

ساعت

hour

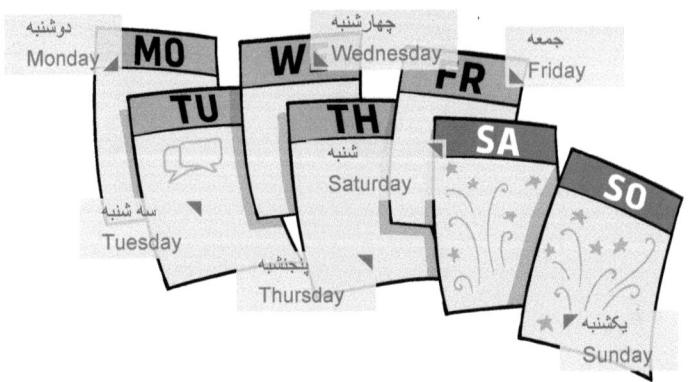

دوشنبه
Monday

چهارشنبه
Wednesday

جمعه
Friday

سه شنبه
Tuesday

شنبه
Saturday

پنجشنبه
Thursday

یکشنبه
Sunday

پرون

yesterday

نن

today

سبا

tomorrow

سهار

morning

غرمه

noon

ماښام

evening

کاري ورځې

workdays

د اونۍ پای

weekend

کال

year

باران
rain
رنګين کمان
rainbow
باد
wind
واوره
snow
پسرلی
spring
اوری
summer
منی
fall
ژمی
winter

4.APRIL 11°
5.APRIL 4°
6.APRIL 13°
7.APRIL 8°
8.APRIL 10°

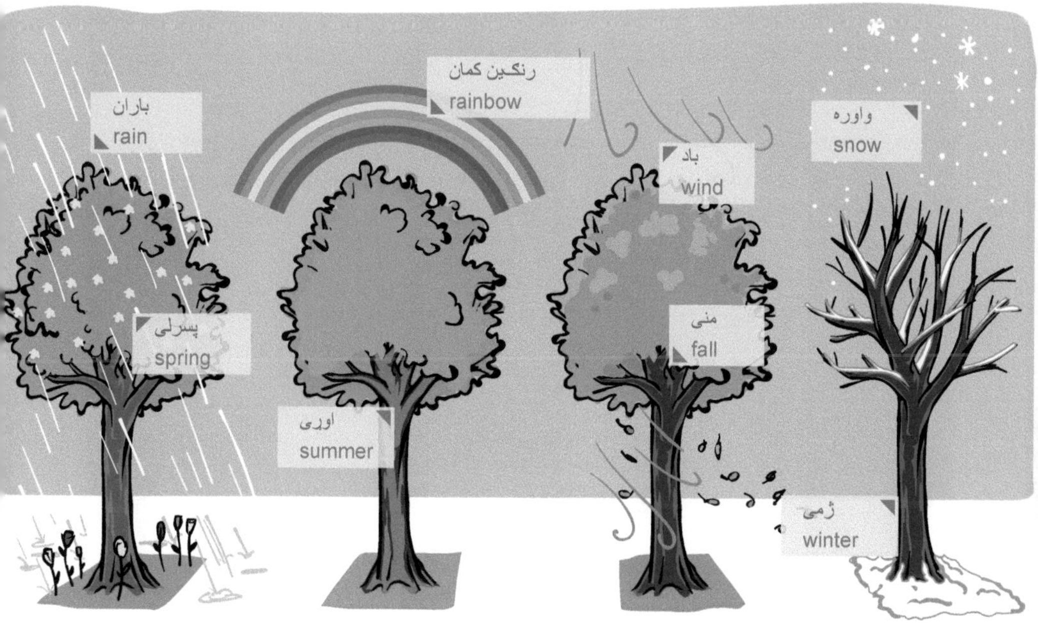

د موسم وړاندوینه

weather forecast

F C
120 40
90 30
60 20
30 10
0 0
-30 -10
-20

ترموميټر

thermometer

د لمر وړانګي

sunshine

وريځ

cloud

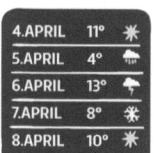

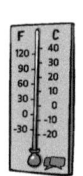

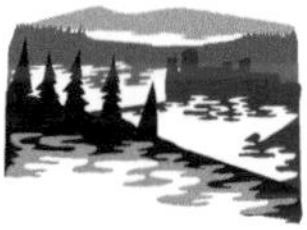

لړه

fog

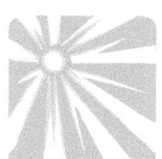

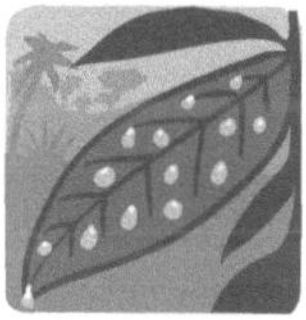

رطوبت

humidity

رڼا

lightning

تندر

thunder

توفان

storm

ږلۍ وریدل

hail

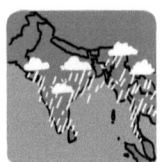

مون سون باران

monsoon

سیلاب

flood

یخ

ice

جنوري

January

فبروري

February

مارچ

March

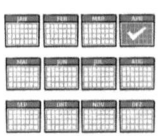

اپرېل

April

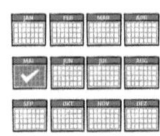

مۍ

May

جون

June

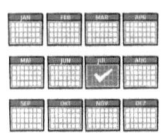

جولای

July

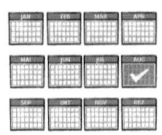

اگست

August

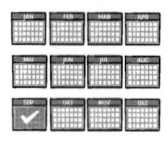

سپټمبر
....
September

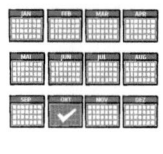

اکتوبر
....
October

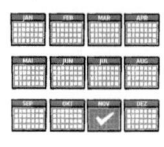

نومبر
....
November

دسمبر
....
December

شکلونه

shapes

دايره
....
circle

مربع
....
square

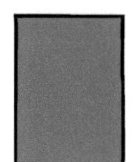

مستطيل
....
rectangle

مثلث
....
triangle

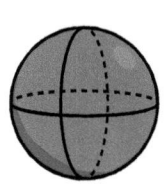

توپ
....
sphere

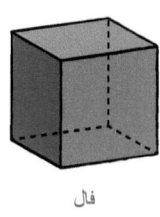

فال
....
cube

سپين
....
white

ژېر
....
yellow

نارنجي
....
orange

ګلابي
....
pink

سور
....
red

ارغواني
....
purple

نيلي
....
blue

شين
....
green

نسواري
....
brown

خړ
....
gray

تور
....
black

خورا ډیر/خورا لږ

a lot / a little

قار/ارام

angry / calm

ښکلی/بدشکله

beautiful / ugly

پیل/پای

beginning / end

لوی/کوچنی

big / small

روښانه/تیاره

bright / dark

ورور/خور

brother / sister

پاک/ککر

clean / dirty

مکمل/ناممکمل

complete / incomplete

ورځ/شپه

day / night

مړ/ژوندی

dead / alive

پراخه/نری

wide / narrow

د خوراک وړ/نه خورل کيدونکی

edible / inedible

بد/مهربان

evil / kind

پاريدلی/بی خونده

excited / bored

چاق/اوچ

fat / thin

لومړی/وروستی

first / last

ملگری/دښمن

friend / enemy

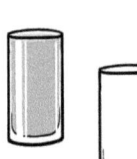

ډک/تش

full / empty

سخت/نرم

hard / soft

درون/سپک

heavy / light

لوږه/تنده

hunger / thirst

ناروغ/روغ

ill / healthy

غيرقانوني/قانوني

illegal / legal

هوښيار/ساده

intelligent / stupid

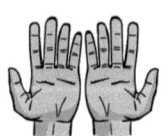

کيڼ/ښی

left / right

نژدې/لرې

near / far

نوی/زوړ

new / used

هیڅ/یوڅه

nothing / something

بوډا/ځوان

old / young

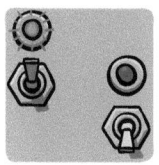

چالان/بند

on / off

خلاص/ترلی

open / closed

غلی/پور غږ

quiet / loud

بډای/غریب

rich / poor

صحیح/غلط

right / wrong

زیږ/ملایم

rough / smooth

خفه/خوش

sad / happy

لنډ/اوږد

short / long

سست/ګرندی

slow / fast

لوند/وچ

wet / dry

ګرم/یخ

warm / cool

جګړه/سوله

war / peace

0

صفر

zero

1

يو

one

2

دوه

two

3

دري

three

4

څلور

four

5

پنځه

five

6

شپږ

six

7

اوه

seven

8

اته

eight

9

نهه

nine

10

لس

ten

11

يولس

eleven

12
سولد
twelve

13
سرايد
thirteen

14
سراوۍ
fourteen

15
سلخڅپ
fifteen

16
سراپش
sixteen

17
سلوو
seventeen

18
سلتا
eighteen

19
سلون
nineteen

20
شل
twenty

100
سل
hundred

1.000
زر
thousand

1.000.000
ميليون
million

languages

انگلسي

English

امریکایی انگلسي

American English

چینایی مندرین

Chinese Mandarin

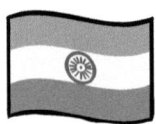

هندي

Hindi

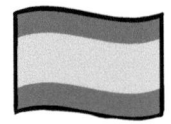

هسپانوي

Spanish

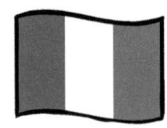

فرانسوي

French

عربي

Arabic

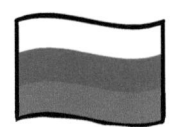

روسي

Russian

پرتگالي

Portuguese

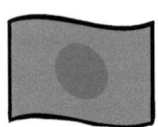

بنگالي

Bengali

آلماني

German

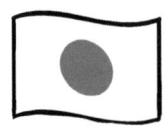

جاپاني

Japanese

زه

I

ته

you

هغه/دغه/دا

he / she / it

موږ

we

تاسي

you

دوی/هغوی

they

څوک؟

who?

څه؟

what?

څنګه؟

how?

چیري؟

where?

کله؟

when?

نوم

name

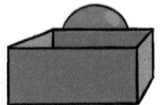

شاته

behind

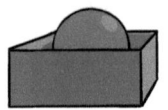

پـه

in

پـه مخه کـی

in front of

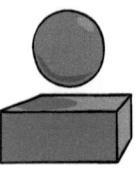

باندي

over

پـه

on

لاندي

under

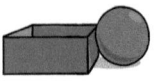

برسیره پر

beside

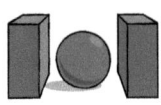

ترمينځ

between

ځـای

place